Monika Herzog, Brigitte Stengel

Laubsägearbeiten
für den Garten

ENGLISCH VERLAG

Die Deutsche Bibliothek - CIP-Einheitsaufnahme

Laubsägearbeiten für den Garten. / Monika Herzog; Brigitte Stengel. – Wiesbaden: Englisch, 2001

ISBN 3-8241-1052-0

© by Englisch Verlag GmbH, Wiesbaden 2001

ISBN 3-8241-1052-0

Fotos: Frank Schuppelius

Printed in Spain

Inhaltsverzeichnis

Vorwort

Wenn die Außentemperaturen im Frühjahr eine gewisse Grenze überschreiten, verlagert sich unser Leben automatisch wieder mehr ins Freie. Die ersten Sonnenstrahlen läuten die Garten- und Balkonsaison ein. Die dunkle Jahreszeit ist vorbei. Grund genug, sich die schönsten Ecken im Garten oder auf dem Balkon so individuell wie möglich zu gestalten. Entdecken Sie in diesem Buch neue Möglichkeiten, sich die warmen Tage mit nützlichen, geschmackvollen und vor allem schönen Gegenständen aus Holz noch zusätzlich zu versüßen. Niedliche Mäuse, bunte Haubenkakadus und dekorative Windlichter verleihen Ihrem Garten oder Balkon eine ganz persönliche Note. Für die Herstellung benötigen Sie keine ausgefallenen Werkzeuge oder besonderen handwerklichen Fertigkeiten. Schon mit ein wenig Geduld und Geschick erzielen Sie tolle Ergebnisse. Alle Vorlagen sind leicht nachzuarbeiten, die Vorgehensweise ist genau beschrieben. Die liebevoll gestalteten Objekte lassen sich natürlich auch wunderbar an andere Balkon- und Gartenliebhaber verschenken. Gutes Gelingen und viel Freude mit Ihren Holzarbeiten wünschen

Monika Herzog und Brigitte Stengel

Material und Werkzeug

Verwenden Sie für Ihre Arbeiten Birken- oder Pappelsperrholz in den angegebenen Stärken sowie Massivholz von Fichte, Kiefer oder Balsa. Für einige Objekte benötigen Sie Holzdübel, die es als fertige Stücke oder Meterware gibt. Werden Schrauben, Nägel oder Scharniere verwendet, ist dies in der Materialliste der einzelnen Objekte aufgeführt. Für das Übertragen der Vorlagen benötigen Sie Kohlepapier und Pappe. Alle Modelle, die mit Sperrholz bis 10 mm hergestellt werden, sind mit einer guten Laubsäge aus mittelgrobem Holzsägeblatt auszusägen. Zur Laubsäge gehört immer ein Sägetischchen. Dickere Hölzer sollten Sie sich im Baumarkt zusägen lassen, sofern Sie zu Hause nicht über eine Stichsäge oder noch besser eine Dekupiersäge verfügen. Bei der Dekupiersäge handelt es sich um eine elektrische Laubsäge, die Weichholzbretter bis zu 40 mm sägt. Auf-

grund des Preisgefüges bei guten Geräten lohnt sich die Anschaffung aber nur, wenn Sie wirklich viel sägen wollen. Auch Kinder ab 6 Jahren können meist schon mit einer Laubsäge umgehen, sollten dies aber stets nur unter der Aufsicht und Anleitung von Erwachsenen tun. Dekupier- und Stichsägen gehören keinesfalls in Kinderhände! Zum Glätten der ausgesägten Teile benötigen Sie Schleifpapier der Körnungen 80, 120 und 240. Schleifen Sie zuerst grob, der letzte Schliff ist der Feinschliff. Wenn Sie nach dem Grundieren die Gegenstände noch einmal überschleifen möchten, sollten Sie das feinste Schleifpapier benutzen. Eine Bohrmaschine oder noch besser einen Bohrständer mit Holzbohrern sollten Sie ebenfalls besitzen. Außerdem benötigen Sie einen Satz Handbohrer sowie diverse Schraub- und Leimzwingen.

Kleber, Farben und Lacke

Um Holz mit Holz zu verkleben, eignet sich am besten Holzleim. Verwenden Sie Express-Leim für kurze Wartezeiten. Leimverbindungen müssen während des Trocknens mit Schraubzwingen fixiert werden. Schraubzwingen sollen nie direkt auf dem Holz aufliegen, da sie Druckstellen hinterlassen. Unterlegen Sie daher die Zwinge mit einem Sperrholzrest oder dicker Graupappe. Für Klebestellen, die keiner großen Belastung standhalten müssen, genügt ein guter Kraftkleber.

Zur Bemalung von Holz im Außenbereich verwenden Sie am besten Farben auf Acryl- oder Harzbasis, zur Grundierung Plakatfarbe. Dünne Konturen malen Sie mit einem Haarpinsel Stärke 1-2 oder auch mit Tuschefüller. Gemischte Farben können Sie gut in leeren Filmdöschen aufbewahren. Da die Objekte Witterungseinflüssen ausgesetzt sind, müssen Sie zum Schluss je nach Geschmack zwei bis drei Schichten Bootslack (glänzend) oder Kunststoff-Siegel (seidenmatt) auftragen.

Grundanleitung

Befestigen Sie das Laubsägetischchchen an einer stabilen Arbeitsplatte. Das Sägeblatt sollten Sie immer so einspannen, dass die Zahnung nach unten zeigt. Halten Sie die Laubsäge stets senkrecht, das zu bearbeitende Holz hingegen waagerecht auf dem Tischchen. Wenn Sie eine Kurve sägen, bewegen Sie das Holz, nicht die Säge. Machen Sie zur Übung erst ein paar Versuche mit 4 mm starkem Pappelsperrholz, damit Sie mit der Technik vertraut sind, bevor Sie sich an schwierigere Objekte

wagen. Legen Sie die Vorlage (entweder den Originalbogen oder eine Kopie oder Pause davon) auf das Holz, und fixieren Sie sie mit ein paar Klebestreifen. Schieben Sie Kohlepapier zwischen Vorlage und Holz, und zeichnen Sie mit einem Bleistift der Stärke HB oder einem Kugelschreiber alle Konturen nach. Drücken Sie dabei nicht zu stark auf, da Sie sonst Rillen im Holz hinterlassen. Die so übertragenen Modelle können nun ausgesägt, bemalt und weiterverarbeitet werden.

Laubsägearbeiten
für Garten und Balkon
1. Unke am Teich

Die Unke ist ein zuverlässiger Wachposten am Gartentümpel.

Material:
- Sperrholz, 6 mm stark
- Moosgummi, 2 mm stark, in Grün
- Schleifpapier
- Kraftkleber
- Bootslack farblos oder
  Kunststoff-Siegel
- Plakatfarbe weiß
- Bastelfarben in Gelb, Weiß, Schwarz,
  Gelbgrün, Mittelgrün und Dunkelgrün

Anleitung:
Übertragen Sie alle Einzelteile vom Vorlagebogen auf Holz und Moosgummi und sägen bzw. schneiden Sie alles aus. Glätten Sie die Holzkanten mit Schleifpapier. Alle Holzteile werden mit verdünnter weißer Plakatfarbe grundiert und nach dem Trocknen nochmals überschliffen. Die Unke wird beidseitig bemalt, die „Sommersprossen" sind dunkelgrün. Beginnen Sie bei den Blättern mit Gelbgrün. Mischen Sie dann in einem Extraschälchen immer ein paar Tropfen Mittelgrün zum Gelbgrün. So erhalten Sie die nächstdunklere Blattfarbe. Fahren Sie mit dem Mischen fort, bis Sie die Blätter in vier verschiedenen Grüntönen bemalt haben. Die Linien werden mittelgrün. Lackieren Sie alle Teile mehrmals mit Bootslack oder Kunststoff-Siegel. Nach dem Trocknen werden erst die Moosgummi-Teile und dann die Blätter vorne und hinten auf die Unke geklebt. Mit einem Einsteck-Stab kann das aufmerksame Tier im Gartenboden verankert werden.

2. Mäuseidyll

Dieses Trio verschönert Balkonkästen und Grasflächen gleichermaßen.

Material:

- Sperrholz, 5 mm stark
- Schleifpapier
- Kerzendrähte
- Bootslack farblos oder Kunststoff-Siegel
- Plakatfarbe weiß
- Bastelfarben in Rot, Weiß, Schwarz, Pink und Blau

Anleitung:

Übertragen Sie die Vorlagen auf das Holz, sägen Sie die Formen aus, glätten Sie die rauen Kanten, und grundieren Sie die Holzteile mit weißer Plakatfarbe. Eventuell noch einmal nachschleifen. Beginnen Sie nun mit der Bemalung der Objekte. Wenn Sie verschiedene Rottöne für die Pilzköpfe wünschen, können Sie das Rot mit etwas Schwarz abdunkeln. Ebenso kann das Rot mit Weiß aufgehellt werden. Der Pilzfuß kann je nach Geschmack weiß oder zartblau werden; für das Zartblau geben Sie einfach einige Tropfen Blau in die weiße Farbe. Für die hellgrauen Mäuse geben Sie ein bis zwei Tropfen Schwarz in die weiße Farbe. Die Konturen werden mit Schwarz, die Nasen mit Pink gemalt. Nach dem Trocknen werden die Teile lackiert. Das hier gezeigte Trio kann natürlich noch um mehrere Pilze und Mäuse erweitert werden.

3. Vogelschreck

Diese Katzenköpfe dienen als Kirschbaum-Polizei.

Material für drei Katzenköpfe:
- Sperrholz, 6 mm und 2 mm stark
- 6 Glasmurmeln, Ø 15 mm
- Schleifpapier
- Holzbohrer, 2 mm
- 3 silberne Schellen
- dünner Messingdraht
- Flitter in Rot, Blau und Grün
- Kraftkleber
- Bootslack farblos oder Kunststoff-Siegel
- Plakatfarbe weiß
- Bastelfarben in Weiß, Schwarz, Rosa, Gelb, Rotbraun, Hellblau, Karminrot und Grün

Anleitung:
Sägen Sie die Köpfe aus dem dicken, die Schleifen aus dem dünnen Sperrholz, und schleifen Sie die Kanten. Vergewissern Sie sich, dass die Glasmurmeln genau in die Augen passen. Eventuell müssen Sie an dieser Stelle mit der Holzfeile nacharbeiten. Versehen Sie alle Teile mit den eingezeichneten Bohrungen, und grundieren Sie alles mit verdünnter weißer Farbe. Nach dem Trocknen nochmals schleifen. Bemalen Sie Köpfe und Schleifen beidseitig. Tragen Sie auf die getrockneten Schleifen eine dicke Schicht Alleskleber auf, und streuen Sie den farblich passenden Flitter in den nassen Klebstoff. Über Nacht trocknen lassen. Entfernen Sie nun den überschüssigen Flitter mit einem Pinsel, und kleben Sie die Schleifen vorne und hinten auf die Köpfe. Lackieren Sie alles mehrfach mit Bootslack oder Kunststoff-Siegel. Zum Schluss kleben Sie die Glasmurmeln in die Augen, befestigen die Schelle mit Messingdraht und bringen einen Aufhänger an.

4. Windlicht Blumen

Dieses Windlicht spendet Licht an einem warmen Sommerabend.

Material:
- Sperrholz, 4 mm stark
- Balsaholz, 20 mm stark
- 1 Vierkant-Holzleiste, 10 x 10 mm
- Schleifpapier
- Holzbohrer, 8 mm
- Kraftkleber
- Bootslack farblos oder Kunststoff-Siegel
- etwas doppelseitiges Klebeband
- Teelichter
- Plakatfarbe weiß
- Bastelfarben in Weiß, Schwarz, Braun, Gelb, Rot, Blau, Gelbgrün, Mittelgrün, Lila und Dunkelgrün

Anleitung:
Sägen Sie alle Teile aus Sperrholz aus, glätten Sie die Kanten mit Schleifpapier, grundieren Sie sie mit verdünnter weißer Farbe und überschleifen Sie sie anschließend. Nun bemalen Sie alle Teile vorne farbig und hinten schwarz. Aus dem Balsaholz sägen Sie die Bodenplatte aus, versehen sie wie angegeben mit der Bohrung und bemalen sie beidseitig schwarz. Alle Teile werden vorne und hinten zweimal mit Boots-lack oder Kunststoff-Siegel lackiert. Sägen Sie von dem Vierkantholz vier 1 cm lange Stücke ab. Die fertigen Blumen kleben Sie seitlich an die Bodenplatte. Mit den kleinen Vierkanthölzern verbinden Sie die Blätter miteinander. Orientieren Sie sich dabei am Vorlagebogen! Zum Schluss befestigen Sie innen am Boden mit einem Stückchen doppelseitigem Klebeband ein Teelicht.

5. Windlicht Vogelhaus

Dieses Windlicht ist eine exotische Verschönerung für Balkon oder Garten.

Material:
- Sperrholz, 4 mm stark
- Balsaholz, 20 mm stark
- 1 Vierkant-Holzleiste, 10 x 10 mm
- Schleifpapier
- Holzbohrer, 8 mm
- Kraftkleber
- Bootslack farblos
  oder Kunststoff-Siegel
- etwas doppelseitiges Klebeband
- Teelichter
- Plakatfarbe weiß
- Bastelfarben in Weiß, Schwarz, Braun,
  Gelb, Mittelgelb, Orange, Rot, Blau,
  Gelbgrün und Dunkelgrün

Anleitung:
Sägen Sie alle Teile aus Sperrholz aus, glätten Sie die Kanten mit Schleifpapier, und grundieren Sie alles mit verdünnter weißer Farbe. Nach dem Trocknen nochmals überschleifen. Bemalen Sie dann alle Teile vorne farbig und hinten schwarz. Kleben Sie nun die Vögel auf das Häuschen. Aus dem Balsaholz sägen Sie die Bodenplatte aus und versehen sie wie angegeben mit der Bohrung. Bemalen Sie die Bodenplatte beidseitig schwarz. Lackieren Sie alle Teile vorne und hinten zweimal mit Bootslack oder Kunststoff-Siegel. Sägen Sie von dem Vierkantholz vier 1 cm lange Stücke ab. Kleben Sie die fertigen Vogelhäuschen seitlich an die Bodenplatte. Mit den kleinen Vierkanthölzern verbinden Sie die Dächer miteinander (Platzierung s. Vorlagebogen). Innen am Boden bringen Sie mit einem Stückchen doppelseitigem Klebeband ein Teelicht an.

6. Gärtnerin

In der Schürzentasche dieser netten Gärtnerin ist Platz für Samentütchen, Düngestäbchen oder kleine Sträuße.

Material:
- Sperrholz, 10 mm stark
- Sperrholz für die Tasche, ca. 6 mm stark
- Abstandshölzer in der Länge und Höhe der Tasche, ca. 15 mm breit
- Schleifpapier
- Holzleim
- Holzschrauben
- eventuell Spachtelmasse
- Bootslack farblos oder Kunststoff-Siegel
- Plakatfarbe weiß
- Buntstift in Rot
- Bastelfarbe in Weiß, Terrakotta, Hautfarbe, Rot, Schwarz, 2 Gelbtönen, 2 Grüntönen, Orange, Violett, Rot

Anleitung:
Übertragen Sie die Linien vom Vorlagebogen auf das Holz, sägen Sie die Form aus, glätten Sie die rauen Kanten, und grundieren Sie die Einzelteile mit verdünnter weißer Plakatfarbe. Die Zeichnung sollte erkennbar bleiben. Malen Sie nun die Felder aus. Für den Porzellanteint der Gärtnerin mischen Sie Hautfarbe mit Weiß. Die Wangen werden mit rotem Buntstift auf die trockene Farbe aufschraffiert und mit dem Finger etwas verwischt. Auf die Lippen und die Augen setzen Sie weiße Glanzlichter. Den Blumenstrauß malen Sie in sommerlichen, leuchtenden Farben. Für ein besonders dunkles Blattgrün mischen Sie Grün und etwas Schwarz. Nach der Bemalung wird die Tasche montiert. Fügen Sie die Teile mit Holzleim zusammen, und fixieren Sie alles mit Schraubzwingen. Wenn Sie versenkbare Holzschrauben verwenden, müssen Sie die Stellen mit Spachtelmasse glätten und nach dem Trocknen mit grüner Farbe überpinseln. Zum Schluss wird die Gärtnerin überlackiert und so wetterfest gemacht.

7. Erdbeere

Präsentieren Sie ein sommerliches Gesteck doch einmal in dieser appetitlichen Holzerdbeere!

Material:
- Sperrholz, 10 bis 12 mm stark
- Sperrholz, 5 mm stark
- Schleifpapier
- Holzleim Express
- Spachtelmasse
- Steckmasse
  (im Bastelgeschäft erhältlich)
- Folie
- Bootslack farblos
  oder Kunststoff-Siegel
- Plakatfarbe weiß
- Bastelfarben in Rot, Grün, Gelb,
  Schwarz und Weiß

Anleitung:
Übertragen Sie den Boden je einmal und die Erdbeere und die Seitenteile je zweimal vom Vorlagebogen auf das Sperrholz, sägen Sie sie aus, schleifen Sie sie glatt, und grundieren Sie sie. Schon können Sie die Frucht zusammenmontieren. Die Kanten der Seitenteile werden mit Leim bestrichen und zwischen den Erdbeeren positioniert. Auch der Boden wird eingepasst. Fixieren Sie das Objekt während des Trocknens mit Schraubzwingen. Spachteln Sie eventuell die Zwischenräume zwischen Bodenplatte und Seitenteilen mit Füllmasse. Nach dem Trocknen wird die Frucht komplett in Rot angemalt. Der Stilansatz wird grün, eine

schwarze Kontur hebt ihn noch etwas hervor. Die Kerne werden gelb mit einem schwarzen Schatten und einem weißen Licht. Nach dem Lackieren ist die Erdbeere fertig. Sie kann mit Steckmasse gefüllt werden. Kleiden Sie zu diesem Zweck das Holzgefäß zum Schutz mit Folie aus.

8. Bunte Haubenkakadus

Diese bunten Vögel zaubern überall eine heitere, exotische Stimmung.

Material:
- Sperrholz, 4 mm dick
- Schleifpapier
- Holzleim Express
- Bootslack farblos oder Kunststoff-Siegel
- 2 getrocknete Weidenstöcke
- Plakatfarbe weiß
- Bastelfarben in Orange, Gelb, Weiß, Schwarz, Terrakotta, Mittelblau und 2 Grüntönen

Anleitung:
Zunächst werden die Holzobjekte aufgezeichnet und ausgesägt, geschliffen und grundiert, anschließend bemalt. Die farbliche Gestaltung der Vögel kann natürlich individuell abgeändert werden. Wenn Sie jedoch unsere Farbgebung übernehmen möchten, finden Sie auf dem Vorlagebogen eine Skizze mit den eingezeichneten Farbfeldern. Die Konturen ziehen Sie mit einem feinen Pinsel. Zum Schluss werden die Vögel zweimal mit Bootslack oder Kunststoff-Siegel überzogen. Spalten Sie zwei Weidenstöcke, und biegen Sie die Enden auseinander. Kleben Sie die Vögel mit Holzleim dazwischen fest, und lassen Sie Ihr Werk gut trocknen.

9. Windspiel Schmetterling

Das Windspiel ist ein hübscher Blickfang für windige Gartenbereiche.

Material:

- Sperrholz, 4 mm stark
- 2 Holzpropeller (im Bastelhandel erhältlich)
- Schleifpapier
- Holzbohrer
- Beilagscheiben oder Schraubenmuttern
- Bootslack farblos oder Kunststoff-Siegel
- Plakatfarbe weiß
- Bastelfarbe in Weiß, Gelb, Pink, Rot, Orange, Blau und Grün

Anleitung:

Von den Windrädern, die im Handel komplett mit Stab vertrieben werden, brauchen Sie nur die Propeller. Nachdem Sie den Schmetterling vom Vorlagebogen auf das Holz übertragen, ausgesägt und mit Schleifpapier geglättet haben, bohren Sie an den markierten Stellen zwei ausreichend große Löcher für die Schrauben der Propeller. Nach der Grundierung können Sie mit dem Bemalen beginnen. Das helle Lila des Körpers erhalten Sie aus Pink mit einigen Tropfen Weiß und Blau. Die dunkle Kontur ist eine Mischung aus Pink und Schwarz. Der äußere rosafarbene Rand ist eine Mischung aus Pink mit Rot. Sonst wurden nur reine Farben verwendet. Danach werden die Einzelteile lackiert. Zum Schluss befestigen Sie die Propeller an dem Schmetterlingsstab. Unterlegen Sie die Schraube ggf. mit Beilagscheiben oder Schraubenmuttern. So verhindern Sie, dass die Propeller beim Drehen an das Holz stoßen.

22

10. Schnelle Libelle

Ein leichter Windhauch – und schon braust sie davon...

Material:
- Balsaholz, 20 mm stark
- Sperrholz oder Balsaholz, 2 mm stark
- 2 unlackierte Holzperlen, Ø 30 mm
- 1 runder Holzstab, ca 15 cm lang, Ø wie das Loch der oben genannten Holzperlen
- 1 Pfeifenputzer in Orange
- 1 eckige Holzperle, 1 cm²
- 1 flache Holzperle
- 1 Schraube, 3 x 40 mm, Gewinde nur im unteren Teil
- Holzbohrer, 2 mm, 4 mm, 8 mm und im Durchmesser des Loches der großen Holzperlen
- Schleifpapier
- Bootslack farblos oder Kunststoff-Siegel
- Holzleim
- Plakatfarbe weiß
- Bastelfarben in Blau, Hellblau, Rot, Gelb, Schwarz und Weiß

Anleitung:
Sägen Sie die beiden Flügel aus dünnem Sperrholz und den Libellenkörper aus Balsaholz. Versehen Sie den Körper mit den im Vorlagebogen angegebenen Bohrungen: oben 2 mm für die Propellerschraube, vorne 2 mm zum Einkleben des Rüssels und unten am Bauch 8 mm für den Einsteck-Stab. Zusätzlich müssen Sie seitlich durch den Kopf eine Bohrung für die Befestigung der Augen vornehmen. Diese Bohrung muss den gleichen Durchmesser haben wie die Bohrung der beiden großen Holzperlen. Bitte messen Sie nach! Mit Schleifpapier geben Sie dem weichen Balsaholz abgerundete Formen. Stecken Sie den runden Holzstab durch die seitliche Kopfbohrung, und stecken Sie auf beiden Seiten die großen Holzperlen auf. Mit Leim fixieren und trocknen lassen. Den seitlich überstehenden Holzstab sägen Sie nach dem Trocknen mit der Laubsäge bündig zur Holzperle ab.

Grundieren Sie Flügel und Körper sowie Augen mit verdünnter weißer Plakatfarbe. Nach dem Trocknen überschleifen Sie alles noch einmal. Nun können Sie die Libelle bemalen. Die Pastellfarben der Flügel erhalten Sie, indem Sie Weiß mit ein paar Tropfen Hellblau bzw. Gelb mischen. Sägen Sie einen Schlitz in die eckige Holzperle, wie auf der Zeichnung dargestellt, und bemalen Sie

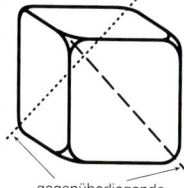

gegenüberliegende Seiten der Perle diagonal einsägen

diese Perle und die flache Holzperle blau. Der Lochdurchmesser der Perlen sollte mindestens 4 mm betragen. Ist er kleiner, müssen Sie ihn aufbohren. Leimen Sie die Flügel in die Schlitze der Holzperle. Nach dem Trocknen werden alle Teile mehrmals mit Bootslack oder Kunststoff-Siegel lackiert. Befestigen Sie den Propeller und die flache Perle mit der Schraube im Libellenkopf, und kleben Sie den Pfeifenputzer als Rüssel an. Auf einen 8 mm starken Stab gesteckt, ist das Insekt nun abflugbereit.

11. Kleiner Zaungast

Diese Geste soll sagen: In Beet und Gewächshaus alles O.K.!

Material:
- Sperrholz, 6 mm stark
- Sperrholz, 10 mm stark
- Holzleim Express
- Schleifpapier
- Schraubzwingen
- Buntstifte in Rot und Blau
- Bootslack farblos
  oder Kunststoff-Siegel
- Plakatfarbe weiß
- Bastelfarbe in Rot, Grün, Weiß, Gelb,
  Hautfarbe, Schwarz und Blau

Anleitung:
Übertragen Sie die Zeichnung vom Vorlagebogen auf das Holz, und sägen Sie die Teile aus. Sie brauchen den Zwerg zweimal aus 6 mm starkem Holz, den Abstandshalter einmal aus 10 mm starkem Holz. Falls die Zaunlatten ihres Zaunes dicker sein sollten, muss auch das Abstandsholz entsprechend stärker sein. Schleifen, grundieren und bemalen Sie die beiden Zwerge, und achten Sie dabei darauf, eine Figur spiegelverkehrt anzulegen. Die Konturen malen Sie mit einem feinen Pinsel auf. Für Bart und Haare mischen Sie ein helles Grau, die Kontur für Nase, Ohren und Hände mischen Sie aus Schwarz und Rot, für die übrigen Konturen nehmen Sie rei-

nes Schwarz. Wenn Sie mit der Bemalung fertig sind, können Sie nach Belieben die Nasenspitze mit rotem Buntstift etwas hervorheben und unter dem Schnurrbart mit

Blau einen Schatten anlegen. Anschließend wird das Abstandsholz zwischen den Figuren verleimt und mit Schraubzwingen fixiert. Nach dem Trocknen sollten Sie den Zwerg mit Bootslack oder Kunststoff-Siegel wetterfest lackieren. Dann ist er bereit, seinen Wachposten auf dem Gartenzaun zu beziehen.

12. Kleiner Hund

Dieser kleine Hund heißt lieben Besuch herzlich willkommen.

Material:
- Sperrholz, 12 mm stark
- Schleifpapier
- Holzleim Express
- 2 verzinkte Ringschrauben
- 1 Metallkette, ca. 40 cm lang (im Baumarkt erhältlich)
- 1 Holzschraube, ca. 4 cm lang
- Spachtelmasse
- Bootslack farblos oder Kunststoff-Siegel
- Plakatfarbe weiß
- Bastelfarben in Schwarz, Grau, Pink, Weiß, Orange und Blau

Anleitung:
Übertragen Sie die Vorlagen für Hund und Knochen auf das Holz, und sägen Sie beides aus. Glätten Sie die unebenen Kanten mit dem Schleifpapier, und grundieren Sie Ihr Objekt mit verdünnter weißer Plakatfarbe. Trocknen lassen, anschließend noch einmal schleifen. Falls die Linien nun schlecht erkennbar sind, sollten Sie sie noch einmal übertragen. Malen Sie nun die Gesichtszüge und das Fell des Hundes mit einem feinen Pinsel auf. Die pinkfarbene Zunge können Sie mit Weiß etwas aufhellen, für den Schatten mischen Sie Pink mit etwas Schwarz. Nach dem Trocknen malen Sie die Buchstaben auf und ziehen darum eine schwarze Linie. Die Ringschrauben drehen Sie direkt in das Holz und befestigen daran die Kette. Sägen Sie den Holzkeil aus, grundieren Sie ihn mit weißer Farbe, und schrauben Sie ihn vorne mit einer versenkbaren Holzschraube ungefähr in Brusthöhe am Objekt fest. Die Stelle wird gespachtelt und weiß überpinselt. Nun kann der Hund aufrecht hingestellt werden. Überziehen Sie das Holz mit ein bis zwei Schichten Bootslack oder Kunststoff-Siegel, um es wetterfest zu machen.

13. Ringelblumenkonsole

Diese Konsole ist ein echtes Schmuckstück für jeden Balkon.

Material:
- Sperrholz, 6 mm stark
- Fichtenleimholz, 18 mm stark
- 5 Holzschrauben, 3 x 30 mm
- Holzleim
- Schleifpapier
- Holzfeile
- Holzbohrer, 3 mm und 7 mm
- Bootslack farblos oder Kunststoff-Siegel
- Plakatfarbe weiß
- Bastelfarben in Weiß, Gelb, Mittelgelb, Orange, Rot, Rotbraun, Gelbgrün, Mittelgrün und Dunkelgrün

Anleitung:
Grundieren Sie die drei ausgesägten und geschliffenen Teile der Konsole mit verdünnter weißer Farbe. Nach dem Trocknen nochmals schleifen. Die Bemalung ist bei diesem Objekt das A und O: Am besten malen Sie nass in nass. So lassen sich mit den Bastelfarben schöne Farbübergänge erzielen. Die vordersten Blütenblätter werden mittelgelb bemalt und orangefarben schattiert. Je weiter hinten ein Blatt sich befinden soll, desto mehr Rot wird in das Orange gemischt. Die hintersten Blattspitzen werden ganz in Rot bemalt. Den Blütenmittelpunkt tupfen Sie mit dem Pinsel außen rotbraun und zur Mitte hin heller werdend. Ebenso gehen Sie bei den grünen Blättern vor, indem Sie sich von den vordersten in Gelbgrün bis zu den hintersten in Dunkelgrün vorarbeiten. Die Blattadern malen Sie im Kontrast dazu auf, also hell auf dunkel und dunkel auf hell. Alle Teile werden nach dem Bemalen zwei- bis dreimal mit Bootslack oder Kunststoff-Siegel lackiert und nach dem Durchtrocknen mit Schrauben und Holzleim zusammengefügt.